W0345238

Zebra 2

Arbeitsheft Lesen/Schreiben

Neubearbeitet von

Susanna Eckhoff
Sonja Kargl
Andreas Körnich
Gerlind Schwanitz

Auf der Basis der Ausgabe von

Stephanie Brettschneider
Silke Clasing
Maria Feiten
Dorothea Ferrari
Andreas Körnich
Cordula Löffler
Claudia Regul-Schäfer
Gerlind Schwanitz
Gabi Zimmermann

Ernst Klett Verlag
Stuttgart • Leipzig

Inhalt

Schulabenteuer und Abc-Reisen

Menschen in der Schule 5
Über eine Traumschule schreiben 6
Lesen mit dem Lesepfeil 7
Genaues Lesen 8
Buchstabenspiele 9
Genaues Lesen 10
Gesprächsregeln festlegen 11
Satzteile verbinden 12
Ein Gedicht umschreiben 13

Herzklopfen und Magenknurren

Ein Gedicht umschreiben 14
Passende Überschriften finden 15
Gedichte vortragen 16
Genaues Lesen 17
Schlüsselwörter im Text finden 18
Mit Schlüsselwörtern nacherzählen 19
Zu Bildern schreiben 20
Buchstabenspiele 21
Eine Tabelle lesen 22

Miteinander und Durcheinander

Genaues Lesen 23
Eine Geschichte weiterschreiben 24
Eine Einladung zum Geburtstag schreiben 25
Klassenkorrespondenz 26
Briefe schreiben 27
Gedichte entflechten 28
Lesen mit verteilten Rollen 29
Ein Gedicht umschreiben 30
Schlüsselwörter markieren 31

Wiesenzwerge und Baumriesen

Ein Gedicht ordnen ... 32
Sätze zu Bildern zuordnen und schreiben ... 33
Einen Brief schreiben ... 34
Schlüsselwörter markieren ... 35
Einen Steckbrief schreiben ... 36
Eine Pflanze beschreiben ... 37
Genaues Lesen und Beschreiben ... 38
Texte entflechten ... 39
Eine Bildergeschichte schreiben ... 40

Traumfänger und Erfinderglück

Einen Comic schreiben ... 41
Zu einem Fantasietier malen und schreiben ... 42
Wichtige Begriffe für Textforscher ... 43
Märchen-Steckbriefe ... 44
Ein Theaterstück planen ... 45
Genaues Lesen ... 46
Wortspielereien ... 47
Eine Geschichte nacherzählen 1 ... 48
Eine Geschichte nacherzählen 2 ... 49

Leseratten und PC-Mäuse

Wichtige Begriffe für Textforscher ... 50
Sich in einer Bücherei zurechtfinden ... 51
Ein Lesetagebuch gestalten ... 52
Ein Buch vorstellen ... 53
Genaues Lesen ... 54
Sprachspielereien ... 55
Fragen zu einem Text beantworten ... 56
Genau lesen und richtig schreiben ... 57
Textsorten erkennen ... 58

Herbsttöne und Frühlingsfarben

Ein Elfchen schreiben ... 59
Genaues Lesen ... 60
Wichtige Begriffe für Textforscher ... 61
Reimwörter finden ... 62
Ein Gedicht abschreiben ... 63
Eine Neujahrskarte gestalten ... 64
Ein Gedicht auswendig lernen ... 65
Genaues Lesen ... 66
Fragen zu einem Text beantworten ... 67
Sprachspielereien ... 68

Lese-Fitness-Test ... 69

Auf diesen Seiten erfährst du, wie du mit Texten umgehen oder eigene Texte schreiben kannst.

Name: ______________________ Datum: ______________

Schulabenteuer und Abc-Reisen

Menschen in der Schule

1. Trenne die Wörter mit einem Strich.

L E H R E R I N | H A U S M E I S T E R S C H Ü L E R

S E K R E T Ä R I N R E K T O R I N P U T Z F R A U

L E H R E R S C H Ü L E R I N E L T E R N K I N D E R

2. Lies den Text „Menschen in der Schule“.
Wer sagt was? Schreibe auf.

LE S. 4

____

Ich putze die Schule, damit alles sauber ist.

____

Ich leite die Schule.

____

Wir helfen beim Schulfest.

____

Ich telefoniere oft.

____

Ich repariere alles, was kaputt ist.

____

Ich bereite den Unterricht vor und helfe den Kindern beim Lernen.

3. Welche Aufgaben hast du in der Schule?
Schreibe.

WB S. 29

Name: ______________________ Datum: ______________

LE S. 5

Über eine Traumschule schreiben

In Lutherstadt-Wittenberg gibt es eine Schule, die von dem Künstler Friedensreich Hundertwasser umgebaut wurde.

Die Schule ist bunt bemalt und hat drei Türme. Aus den Fenstern wachsen Bäume und auf den Dächern viele Blumen.

1. Wie sieht deine Traumschule aus? Erzähle.
Diese Fragen können dir helfen:

Wo steht deine Schule?
Wie sieht deine Schule aus?
Was gibt es dort Besonderes?
Welche Unterrichtsstunden gefallen dir am besten?

2. Schreibe dir dazu Stichwörter auf.

3. Schreibe über deine Traumschule.

Name: ______________________ Datum: ______________

Lesen mit dem Lesepfeil

1. Schneide dir aus Karton einen Lesepfeil zu.

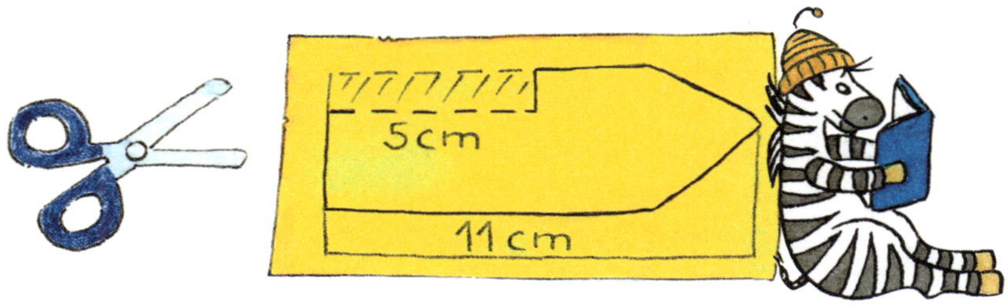

2. Finde heraus, wo der Lesepfeil angelegt wird.

Pumuckl ist ein Kobold. Kobolde sind kleine, unsichtbare Burschen. Sie necken gerne Menschen. Eines Tages blieb Pumuckl an einem Leimtopf des Meister Eder hängen.

Pumuckl ist ein Kobold. Kobolde sind kleine, unsichtbare Burschen. Sie necken gerne Menschen. Eines Tages blieb Pumuckl an einem Leimtopf des Meister Eder hängen.

3. Lies mit deinem Lesepfeil. Die Striche helfen dir.

LE S. 7

Pumuckl

Pumuckl ist | ein Kobold. | Kobolde sind kleine, | unsichtbare Burschen. Sie necken | gerne Menschen. | Eines Tages | blieb Pumuckl | an einem Leimtopf des Meister Eder hängen. | Und da war | es geschehen! Er wurde sichtbar. | Aber nur für | den Schreinermeister Eder. | Das Koboldgesetz | heißt nämlich: | Wenn ein Kobold | von einem Menschen gefangen wird, | ist er | für diesen Menschen sichtbar.

4. Lies einem Partner laut vor.

Name: ______________________ Datum: ______________

Genaues Lesen

LE S. 8

1. Lies den Text „Zum Beispiel Kaugummi“.

2. Male die Dinge und Menschen so an, wie es im Text steht.
Ergänze, was fehlt.

Die Sonne scheint.
Ernesto hat seine neue blaue Hose an.
Auf der Jeans ist ein Grasfleck.
Ernesto trägt einen roten Pullover.
Herr Franz trägt einen grauen Arbeitskittel und eine grüne Hose.
Er hält einen Besen in der Hand.
Das Schulhaus hat ein rotes Dach.
Über der Tür hängt eine große Uhr. Es ist zwei Uhr.
Neben dem Schulhaus wachsen zwei Bäume.

Name: ______________________ Datum: ______________

Buchstabenspiele

Buchstaben sind etwas Wunderbares. Wenn man sie vertauscht, entstehen ganz neue Wörter.

1. Bilde neue Wörter. Markiere die Veränderungen.

Aus Rind wird   Ring

Aus Band wird  

Aus Schal wird  

Aus Hund wird  

Aus Ohr wird 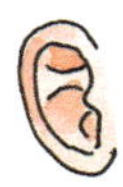 

Aus Pappe wird  

2. Der Wortverdreher hat mehrere Buchstaben vertauscht. Bilde sinnvolle Wörter. Markiere die Veränderungen.

LE
S. 14

Hasgralm

Grashalm

Wastlagen

Finokilm

Zugfleug

Beseluch

Spleibiftstitzer

3. Denke dir eigene Beispiele aus.

Name: ______________________ Datum: ______________

Genaues Lesen

LE S. 15

1. Lies den Text „Wenn die Raupe fliegen lernt“.

2. Was stimmt? Kreise jeweils den richtigen Buchstaben ein. Du erhältst ein Lösungswort.

R	Die Tiere saßen auf Sesseln.
E	Die Tiere saßen auf Bänken.
P	Die Tiere saßen auf dem Boden.

A	Das Pferd hatte in der ersten Stunde Schwimmen.
N	Die Ente hatte in der ersten Stunde Schwimmen.
F	Der Affe hatte in der ersten Stunde Schwimmen.

T	Das Pferd gab sich beim Klettern Mühe.
U	Die Raupe gab sich beim Klettern Mühe.
E	Der Schmetterling gab sich beim Klettern Mühe.

R	Der Fluglehrer lachte die Raupe aus.
P	Der Fluglehrer flüsterte leise mit der Raupe.
E	Der Fluglehrer schrie die Raupe an.

E	Die kleine Raupe wollte lieber schlafen.
N	Die kleine Raupe wollte lieber fressen.
D	Die kleine Raupe wollte lieber fliegen.

Lösungswort:

3. Welche Unterrichtsstunde erhält Franz? Schreibe eine Geschichte.

Name: ______________________ Datum: ______________

Gesprächsregeln festlegen

LE S.21

1. Besprich mit anderen Kindern, wie man gute Gespräche führt.

2. Ordne die Wörter richtig zu.

zuhören	höflich bleiben	andere beschimpfen	deutlich sprechen
dazwischenreden	andere auslachen	nachfragen	schreien

In einem Gespräch wollen wir:

____

____

____

In einem Gespräch wollen wir nicht:

____

____

____

3. Ergänze eigene Regeln.

4. Vergleicht eure Ergebnisse. Sprecht über die Regeln.

5. Einigt euch auf Gesprächsregeln für eure Klasse.
Schreibt sie in Sätzen auf ein Plakat.

So legt ihr Regeln für die Klasse fest:
- Sammelt Ideen und tauscht euch miteinander aus.
- Welche Regeln sind am wichtigsten? Sprecht darüber.
- Einigt euch und schreibt die Regeln auf.

WB S.30

Name: ______________________ Datum: ______________

Satzteile verbinden

1. Was passt zusammen? Verbinde die Satzteile.

Verschiedene Schulwege

Die Lehrerin fährt mit dem	hilft ihm über die Straße.
Klara wartet an der Kreuzung,	mit dem Bus zur Schule.
Opa begleitet Jonas und	Fahrrad zur Schule.
Viele Kinder fahren jeden Tag	bis die Ampel grün zeigt.
Larissa und Jule gehen	des Bäckers vorbei.
Der Sohn des Hausmeisters	hat den kürzesten Schulweg.
Timo geht an dem Laden	zusammen durch den Park.

LE S.22

2. Beschreibe deinen Weg zur Schule.

3. Hast du auf deinem Schulweg schon einmal etwas Besonderes erlebt? Schreibe.

Schreibe ganze Sätze.

Name: ______________________ Datum: ______________

Ein Gedicht umschreiben

1. Vergleiche beide Gedichte.
Markiere im linken Gedicht die Wörter,
die im rechten Gedicht ausgetauscht wurden.

Versuch

Ein Vogelkind,
das hüpft im Wind.
Mami, Mami, komm mal her!
Sag mir,
ist das Fliegen schwer?
Bitte, zeig mir
wie man's macht!
Wehe, wenn hier
einer lacht!

Jürgen Spohn

Versuch

Ein Menschenkind,
das springt im Wind.
Papi, Papi, komm mal her!
Sag mir,
ist das Rechnen schwer?
Bitte, zeig mir
wie man's macht!
Wehe, wenn hier
einer lacht!

Rebecca und Aaron

LE S.26

So kannst du ein Gedicht umschreiben:

- Markiere einzelne Wörter, die du austauschen kannst.
- Ersetze sie durch andere passende Wörter.
- Übernimm den übrigen Text des Gedichtes.

WB S.31

2. Schreibe das Gedicht aus Aufgabe 1 um. Die Wortkarten helfen dir.

Entenkind Bärenkind	watscheln toben
Opi Omi	das Schwimmen das Brummen

3. Schreibe nun ein eigenes Gedicht.

4. Trage dein Gedicht der Klasse vor.

Name: ______________________ Datum: ____________

Herzklopfen und Magenknurren

Ein Gedicht umschreiben

LE S. 36

1. Lies das Gedicht „Was Kinder alles können“.
Was fällt dir auf?

2. Unterstreiche die Zeilen, die in beiden Strophen gleich sind.

Was Kinder alles können

Kinder können viele Sachen,
können singen, können feiern,
können gute Freunde werden.
Kinder können viele Sachen
selber machen.

Kinder können viele Sachen,
können rühren, können kochen,
können sich ein Essen machen.
Kinder können viele Sachen
selber machen.
...

Sybille Fritsch

3. Ergänze, was Kinder noch alles können.

Kinder können viele Sachen,

____

____

Kinder können viele Sachen
selber machen.

4. Dichte weitere Strophen.

5. Gestalte mit einer Strophe ein schöne Seite.

Name: ______________________________ Datum: ______________

Passende Überschriften finden

1. Lies die Geschichten. Manche Wörter passen nicht.
Streiche sie durch.

____

Tinas Vater hat schlechte ~~Zeit~~ Laune.
Tina liest singt ihm einen Witz vor.
Da muss der Braten Vater lachen und …

ängstlich

traurig

einsam

ungeduldig

____

Nick freut sich. Oma kommt heute gestern zu Besuch. Da ruft klingelt das Telefon. Es ist Max Oma. „Ich kann nicht kommen. Ich bin krank satt“, sagt sie. Nick muss schlucken. Schon kullern die ersten Murmeln Tränen. Er lässt den Kopf hängen und …

____

Sofie und Benita lesen springen Seil.
Da kommt Paul und fragt Sofie:
„Spielst du mit mir Ball Brot?“
Sofie lässt Benita einfach stehen
und lacht geht mit Paul davon.
Benita ruft ihr hinterher: „Du bist gemein“,
überkreuzt die Seile Arme, stampft mit dem
Fuß Bauch auf und …

zornig

fröhlich

beleidigt

2. Wie fühlen sich die Kinder?
Suche passende Überschriften zu den Geschichten.
Die Wortkärtchen können dir helfen.

LE
S.38

3. Schreibe eine Geschichte ab. Überlege dir einen Schluss.

Name: ______________________ Datum: ______________

Gedichte vortragen

1. Lies das Gedicht mehrmals.

Gurgl murgl rogl momm

Gurgl murgl rogl momm
pfzzta schlabba gurgl schlibb
schlabba schlibba schlommogromm
gurgl murgl schlibba glibb
So ergreifend – gurgl – und
schön klingt – schlabba – ein Gedicht,
wenn man es mit einem Mund voll
mit Zahnputzwasser spricht.

Gerald Jatzek

2. Markiere die Wörter, die du betonen möchtest.

3. Trage das Gedicht laut und betont vor.

WB S. 32

Trage ein Gedicht so vor, dass andere dir gerne zuhören.
Achte dabei auf Folgendes:

- Lies das Gedicht mehrmals.
- Markiere und übe die schweren Wörter einzeln.
- Betone die wichtigen Stellen.
- Verändere deine Stimme: laut, leise, piepsig, brummig ...

LE S. 40

4. Schreibe ein Gedicht von Seite 40 ab.

5. Markiere die Stellen, die du betonen möchtest.

6. Übe, das Gedicht vorzutragen.

Name: ______________________ Datum: ______________

Genaues Lesen

1. Lies den Text „Wie du sehen kannst“.

LE S.46

2. Kreise den Buchstaben vor dem richtigen Satzende ein.
Du erhältst ein Lösungswort.

1. Mit deinen Augen siehst du

L	Temperaturen.
B	Formen und Farben.
A	Gefühle.

2. Das Auge ist

P	oval.
R	kugelförmig.
L	eckig.

3. Der dunkle Punkt in der Mitte heißt

I	Pupille.
N	Puppe.
A	Pille.

4. Den farbigen Ring um die Pupille nennt man

G	Ines.
L	Iris.
D	Agnes.

5. Durch die Pupille gelangt

L	Licht ins Auge.
E	Wasser ins Auge.
S	Luft ins Auge.

6. Bei Licht wird die Pupille

M	größer.
E	kleiner.
L	grau.

Lösungswort:

3. Beschrifte die Zeichnung.

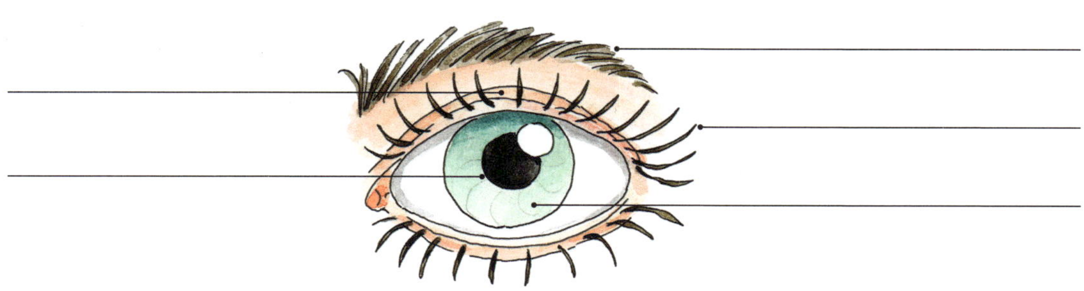

Name: ______________________ Datum: ______________

LE S.50

Schlüsselwörter im Text finden

1. Lies den Text.

Mit den Ohren sehen

Fledermäuse sind besonders gute „Seher“.
Aber sie sehen nicht mit den Augen.
Das würde ihnen auch nichts nützen,
denn sie leben bei Tag in dunklen Höhlen
und jagen ihre Beute bei Nacht.
Sie besitzen dafür eine besondere Fähigkeit.
Während des Fluges stoßen die Fledermäuse
Signale aus, die von den Hindernissen
als Echo zurückgeworfen werden.
Aufgrund des Echos können Fledermäuse
ihre Umgebung und andere Tiere
wahrnehmen.

2. Decke den Text ab.
Könntest du ihn nacherzählen?

WB S.33

Schlüsselwörter sind die wichtigsten Wörter in einem Text.
Sie „schließen“ den Text auf. So kannst du vorgehen:

- Lies den Text.
- Unterstreiche in jedem Satz die Schlüsselwörter.
- Lies die Schlüsselwörter.
- Erinnern sie dich an den ganzen Text?
- Verbessere.

3. Unterstreiche im Text „Mit den Ohren sehen“
die Schlüsselwörter.

4. Schreibe sie untereinander heraus.

5. Vergleicht eure Schlüsselwörter.

Name: ______________________ Datum: ______________

Mit Schlüsselwörtern nacherzählen

LE
S. 52

1. Verbindet euch gegenseitig die Augen.
Haltet euch verschiedene Gemüse- und Obstsorten unter die Nase.
Könnt ihr herausfinden, was ihr riecht?

2. Lies den Text.

Riechen

Wenn wir Gerüche riechen, löst das bei uns oft bestimmte Gefühle aus. Wir sagen, dass eine Rose gut und Müll scheußlich riecht. Riechst du ein Essen, das du besonders gerne magst, ziehst du die Luft tief ein. Durch die Nasenlöcher gelangt die Luft zur Riechschleimhaut. Sie liegt ganz oben in der Nase. Von dort strömt die Luft bis zum Riechzentrum. Die Nase und die Zunge arbeiten eng zusammen. Das merken wir besonders, wenn wir Schnupfen haben und die Nase verstopft ist. Dann können wir das Essen nicht schmecken.

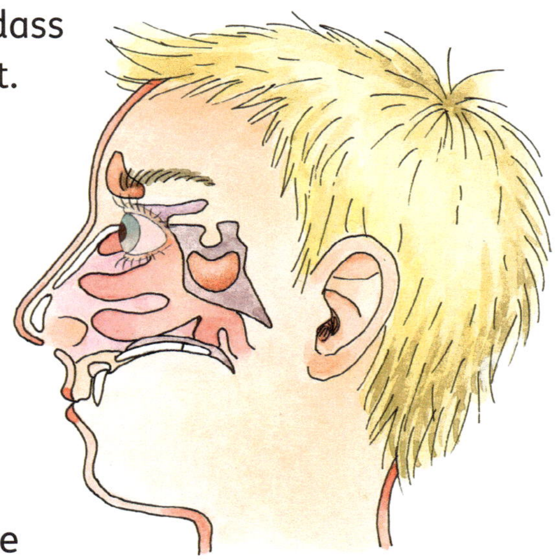

3. Lies noch einmal Satz für Satz. Unterstreiche die Schlüsselwörter.

4. Schreibe sie untereinander heraus.

5. Erzähle mit Hilfe der Schlüsselwörter deinem Partner, was du gelesen hast.

Name: ______________________ Datum: ______________

Zu Bildern schreiben

1. Schau dir die Bilder genau an. Was geschieht auf ihnen?

2. Sammle passende Wörter zu den Bildern.

LE S.53

Endlich groß genug

3. Schreibe nun eine Geschichte zu den Bildern.

4. Lies deine Geschichte einem anderen Kind vor. Kann es alles verstehen?

Verwende treffende Wörter.

Name: ______________________ Datum: ______________

Buchstabenspiele

LE
S.56

1. Lies genau. Welche Buchstaben haben sich verändert?
Markiere sie.

Durstsalat
Wurstsalat

Kirschmarmelade
Hirschmarmelade

Sohnkuchen
Mohnkuchen

Tomatenpuppe
Tomatensuppe

Hasenbraten
Hosenbraten

Apfelpudel
Apfelstrudel

Schinkennadeln
Schinkennudeln

Lauchauflauf
Bauchauflauf

Haselnusstorte
Haselkusstorte

Früchtetee
Früchtefee

Vollkornbrot
Vollkernbrot

Kinderwunsch
Kinderpunsch

2. Unterstreiche nun so:
- Das isst man kalt: blau.
- Das isst man warm: rot.
- Das trinkt man: gelb.

3. Was isst und trinkst du gerne? Schreibe es auf.

Name: ______________________ Datum: ____________

Eine Tabelle lesen

Die Klasse 2 c plant einen Kochtag.
Folgende Zutaten bringen die Kinder mit:

Kinder	für Gemüsesuppe	für Obstsalat
Annika	Zwiebeln	Äpfel
Fabian	Bohnen	Bananen
Enes	Kartoffeln	Ananas
Edna	Kohlrabi	Pflaumen

1. Fülle die Lücken aus. Lies dazu in der Tabelle nach.

Die Kinder wollen ______________ und

______________ machen.

Fabian bringt ______________ und ______________ mit.

Kartoffeln und Ananas kauft ______________ ein.

Annika hat einen Garten und holt dort ______________

und ______________.

2. Edna fehlt heute.
Annika schreibt ihr einen Zettel.
Darauf steht:

Bring bitte am Freitag ______________ und ______________ mit.

3. Was könnte die Klasse noch für den Obstsalat mitbringen?

____

LE
S.58

4. Ihr könnt auch gemeinsam ein Rezept ausprobieren.

Name: ______________________ Datum: ______________

Miteinander und Durcheinander

Genaues Lesen

LE S.67

1. Lies die Geschichte „Maja und Lena sind Flüsterweltmeister“.

2. Kreise jeweils den richtigen Buchstaben ein.
Die richtigen Buchstaben ergeben ein Lösungswort.

	ja	nein
Maja und Lena sind Flüsterweltmeister.	A	B
Lena ist jünger als Maja.	L	N
Mama und Papa tragen Lenas Schrank ins andere Zimmer.	A	K
Maja malt auch ein Schild.	L	U
„Du musst anklingeln“, sagt Lena.	M	O
Maja legt sich ohne ihre Decke hin und starrt an die Wand.	E	P
Maja kann nicht einschlafen.	F	I
„Wir müssen noch flüstern!“, sagt Maja.	E	S
Es ist so gemütlich wie sonst.	E	N

Lösungswort:

3. Was machst du jeden Abend, bevor du ins Bett gehst?
Schreibe auf.

Name: ______________________ Datum: ______________

Eine Geschichte weiterschreiben

LE S. 71

1. Lies den Text „Nina und der Sauhaufen“.

2. Was liegt alles auf Ninas Teppich? Schreibe auf.

3. Hilf Nina beim Aufräumen. Wo haben die Sachen bei dir zu Hause ihren Platz? Schreibe kurze Sätze.

4. Überlege, wie die Geschichte weitergehen soll. Schreibe ein Ende auf.

5. Welche Pflichten hast du zu Hause? Schreibe auf.

Name: ______________________ Datum: ______________

Eine Einladung zum Geburtstag schreiben

LE
S. 74

Luisa hat am 14. März Geburtstag.
Sie möchte Lara, Jan, Celina und Aila einladen.
Luisa wohnt im Sonnenweg 4.
Um 15 Uhr soll ihre Feier beginnen.

1. Lies die Einladung.

Einladung

Liebe ______________________,

ich lade dich herzlich zu meinem ______________________ ein.

Bitte komme am ____________ in den ______________________.

Die Feier beginnt um __________ Uhr.

Viele Grüße, deine Luisa

2. Welche Angaben fehlen? Unterstreiche sie im Text oben.

3. Setze nun die fehlenden Wörter ein.

4. Schreibe oder bastle eine Einladung zu deinem Geburtstag.

WB
S. 34

Auf diese Fragen muss deine Einladung antworten:

- **Wen** willst du einladen? (Anrede)
- **Wozu** willst du einladen?
- **Wann** findet das Ereignis statt? (Datum und Uhrzeit)
- **Wo** findet es statt?
- **Wer** lädt ein? Unterschreibe mit deinem Namen.

Name: ______________________ Datum: ______________

Klassenkorrespondenz

In der Klasse 2a haben die Kinder einen Klassenbriefkasten. Timo hat seinem Freund Anton einen Brief geschrieben.

Das Fußballspielen mit dir hat mir heute großen Spaß gemacht. Hast du Lust, dich mal mit mir zu verabreden?

Viele Grüße, dein Timo

1. Kommt dieser Brief bei Anton an? ☐ ja ☐ nein

Was fehlt? ______________________________

WB S. 35

Ein Brief beginnt immer mit der Anrede *z. B. Liebe/Lieber ..., Hallo ...*
und endet mit einem Gruß *z. B. Viele Grüße*
und deiner Unterschrift *z. B. deine/dein ...*
Dazwischen kannst du schreiben, wie es dir geht, etwas erzählen oder den anderen etwas fragen.

LE S. 79

2. Schreibe nun selbst einen Brief an einen Freund oder eine Freundin in deiner Klasse.

____

____

____

____

____

3. Gestalte einen Bogen Briefpapier.

4. Schreibe nun den Brief aus Aufgabe 2 in Schönschrift auf das Briefpapier ab.

Name: ______________________ Datum: ______________

Briefe schreiben

1. Lies „Die Geschichte vom Löwen, der nicht schreiben konnte“.

LE S. 80

2. Welches Tier hat diesen Brief geschrieben?

Liebste Freundin,

wollen Sie mit mir auf Bäume klettern?
Ich hab auch Bananen! Total lecker!

Gruß Löwe

____

3. Schreibe den Brief für den Löwen.
Die Vorgaben helfen dir.

faul unter dem Baum liegen
in den Abendhimmel gucken

Liebste ______________,

wollen Sie mit mir

____

____

Wunderbar gemütlich!

Gruß ______________

4. Auf einen Briefumschlag gehören *Absender* und *Adresse*. Beschrifte:

WB S. 35

______________ Leo Löwe
Affenbrotbaum 1
23456 Savanne

Lara Löwin
In der Steppe 14
23456 Savanne ______________

5. Was könnte Löwin Lara antworten? Schreibe einen Brief.
Denke auch an den Briefumschlag.

Name: ______________________ Datum: ______________

LE
S.83

Gedichte entflechten

1. Lies genau. Was fällt dir auf?

War einmal ein Bumerang;
Ich freue mich, wenn ich dich seh,
war ein Weniges zu lang.
ich finde dich so nett,
Bumerang flog ein Stück,
ich schenke dir mein H und E,
aber kam niemals zurück.
mein R und auch mein Z.
Publikum – noch stundenlang –
wartete auf Bumerang.

Frantz Wittkamp

Joachim Ringelnatz

2. Welche Zeilen gehören zu welchem Gedicht?
Markiere in zwei Farben.

Denke dir
eine Überschrift aus.

3. Schreibe eines der beiden Gedichte ab.

Name: ______________________ Datum: ______________

Lesen mit verteilten Rollen

1. Lies den Text.

Die kleine Maus sucht einen Freund

Die kleine Maus war einsam und allein.
Sie wünschte sich nichts lieber als einen Freund.
Darum lief sie von Tier zu Tier
und fragte: Wollen wir
Freunde sein?
Nein, wieherte das Pferd und graste weiter.
Da lief die Maus zum nächsten Tier
und fragte: Wollen wir
Freunde sein?
Nein, brüllte der Löwe und schüttelte seine Mähne.
Da lief die Maus zum nächsten Tier
und fragte: Wollen wir
Freunde sein?
Nein, schnaubte das Nilpferd und trottete zum Fluss.
Da lief die Maus zum nächsten Tier
und fragte: Wollen wir
Freunde sein?
Nein, kreischte der Affe und rollte mit seinen dunklen Augen.
Da lief die Maus zum nächsten Tier
und fragte: Wollen wir
Freunde sein?

Viktor Christen und Eric Carle

LE S. 84

2. Welche Tiere fragt die Maus? Markiere die Wörter im Text.

3. Wie sprechen die Tiere?
Markiere die Wörter im Text.

4. Lest den Text nun mit verteilten Rollen.
Versucht so zu sprechen wie das jeweilige Tier.

5. Denkt euch einen Schluss aus. Spielt die Geschichte vor.

Name: ______________________ Datum: ____________

Ein Gedicht umschreiben

LE
S. 87

1. Lies das Gedicht „Kinder einer Welt“.

2. Schreibe eigene Wörter in die Lücken.
Dein Gedicht muss sich nicht reimen.

Kinder einer Welt

Der eine isst gern ______________________,

der andere ______________________.

Der eine lebt ______________________,

der andere ______________________.

Ein andrer schläft im ______________________

und einer schläft im ______________________.

Und alle, wie sie da sind,
sind sie Kinder dieser Welt.

Der eine kann gut ______________________,

was der zweite nicht gut kann.
Doch das ist nicht so wichtig –
es kommt nur darauf an,
dass man dran denkt und nie vergisst

und ______________________ behält:

Alle, die wir da sind,

______________________.

nach Bernie Conrads

Name: ______________________ Datum: ______________

Schlüsselwörter markieren

1. Lies den Text.

Speisen aus aller Welt

In der Klasse 2a sind Kinder aus verschiedenen Ländern.
Heute stellen die Kinder eine Speise aus ihrem Land vor.

Die Familie von Mali kommt aus Ghana. Sie hat eine Suppe aus Erdnüssen, Hühnchen und Tomaten gekocht.

Buket kommt aus der Türkei. Sie hat mit ihrer Mutter Köfte gebraten. Das sind kleine Fleischbällchen.

Alex ist aus Russland eingewandert. Seine Oma hat Piroggen gebacken. Das sind mit Gemüse gefüllte Teigtaschen.

2. Markiere im Text alle Kinder rot, alle Länder blau und alle Speisen grün.

3. Übertrage nun diese Schlüsselwörter in die Tabelle.

Kind	Land	Speise

4. Lies den Text „Andere Länder – andere Speisen“. LE S.88

5. Übertrage die Tabelle aus Aufgabe 3 in dein Heft.
Ergänze sie mit den Kindern, Ländern und Speisen aus dem Text.

Name: ______________________ Datum: ______________

Wiesenzwerge und Baumriesen

Ein Gedicht ordnen

1. Lies den Text und markiere die Reimwortpaare unterschiedlich.

2. Verbinde die Gedichtzeilen, die zusammengehören.

Das leise Gedicht Wer mäuschenstill am Bache sitzt,	kann hören, wie ein Falter fliegt.
Wer mäuschenstill im Grase liegt,	kann hören, wie ein Fischlein flitzt.
Wer mäuschenstill im Bette lauscht,	kann hören, was man sonst nicht hört. *Alfred Könner*
Wer mäuschenstill im Walde steht,	kann hören, wie ein Rehlein geht.
Wer mäuschenstill ist und nicht stört,	kann hören, wie der Regen rauscht.

LE
S. 96

3. Vergleiche das Gedicht mit der Vorlage.

Du kannst die Reimwörter aus dem Gedicht übernehmen.

4. Schreibe ein ähnliches Gedicht. Beginne so:

Wer mäuschenstill …

kann hören, wie …

Name: ______________________ Datum: ____________

Sätze zu Bildern zuordnen und schreiben

LE
S. 98

1. Verbinde die Sätze mit den passenden Bildern.

Auf einer grünen Wiese steht eine braune Kuh.

Ein Schmetterling flattert von Blume zu Blume.

In der Luft kreist eine freche Fliege.

Auf einer grünen Wiese steht eine schwarze Kuh.

2. Schreibe passende Sätze zu den Bildern.

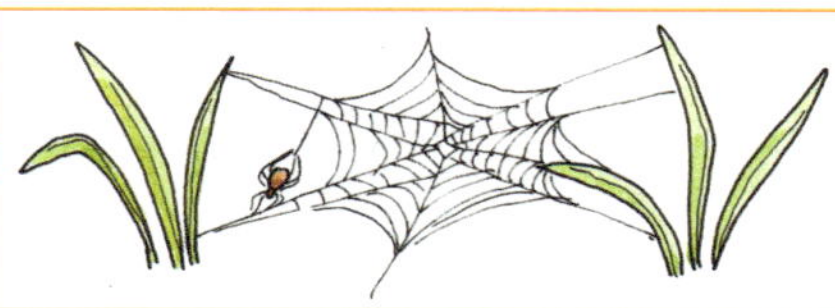

3. Schreibe weitere Sätze und male dazu.
Aus mehreren Seiten kann ein kleines Wiesenbilderbuch entstehen.

Name: ______________________ Datum: ______________

Einen Brief schreiben

LE S.102

1. Lies den Text „Herr Schneck“.
Herr Schneck möchte seinem Freund Rudi Ringelwurm von seinem Erlebnis berichten. Was könnte er in einem Brief schreiben?

Lieber Rudi,

2. Lies die beiden Briefe einem Partner vor.

Liebe Schnecke,

darf ich Sie einladen, einmal mit mir zu tanzen,
und zwar oben auf Ihrem Haus?
Nur ein paar Schritte?
Das ist mein größter Wunsch.
Ich werde sehr vorsichtig sein,
damit wir nicht durch Ihr Dach brechen.
Das verspreche ich. Aber ganz sicher
kann man natürlich nie sein.

Elefant

Lieber Elefant,

vielen Dank für Ihren Brief.
Später möchte ich bestimmt einmal
mit Ihnen auf meinem Dach tanzen.
Da bin ich mir fast sicher.
Ich glaube, dass ich
sehr gut tanzen kann.
Aber vorläufig passt es mir
leider nicht so gut.

Schnecke

Toon Tellegen

3. Schreibe einen Brief an ein anderes Tier auf schönem Papier.

4. Lass einen Partner auf deinen Brief antworten.

Name: ______________________ Datum: ____________

Schlüsselwörter markieren

1. Lies genau. Markiere die Schlüsselwörter.

Die Margerite

Die Margerite ist eine Blume,
die auf vielen Wiesen zu finden ist.
Ihre Blüte sitzt auf einem Stängel,
der bis zu einem Meter hoch werden kann.
Am Stängel wachsen gezahnte Blätter.
Margeriten haben ein goldgelbes Herz.
Dies ist von weißen Blütenblättern umgeben.
Blumenhändler bieten Margeriten
oft in verschiedenen Farben an.
Dazu verwenden sie einen Trick.
Sie stellen die Sträuße einige Zeit
in gefärbtes Wasser.

Margerite ______
Blume ______
______
______
______
______
______
______
______
______
______
______

LE S.106

2. Schreibe die Schlüsselwörter daneben.

3. Berichte einem Partner
mit Hilfe der Schlüsselwörter,
was du über die Margerite weißt.

4. Diese Blumen findest du auf keiner Wiese.
Schreibe die richtigen Blumennamen auf.

Löwenmohn | Gänsemäulchen | Klatschzahn | Löwenblümchen

Name: ______________________ Datum: ______________

Einen Steckbrief schreiben

1. Setze die fehlenden Wörter in den Text ein.

Der Maulwurf

Sein 10 – 17 cm langer Körper ist walzenförmig.

Das ______________ Fell des Maulwurfs ist ______________.

Die Augen des Maulwurfs sind fast ______________.

Seine Nase ist sehr ______________.

Mit seinen ______________ Pfoten kann er gut graben.

| schwarz | dicht | spitz | groß | blind | ~~walzenförmig~~ |

2. Schau dir den oberen Text und das Bild an.
Ergänze die Angaben zum Maulwurf.

Steckbrief zum Maulwurf

Körper: walzenförmig

Größe: ______________

Fell: ______________

Augen: ______________

Nase: ______________

Pfoten: ______________

WB S. 36

In einem Steckbrief sammelt man alle wichtigen Merkmale eines Lebewesens oder eines Gegenstandes.
Diese schreibt man in Stichworten geordnet auf.

LE S. 108

3. Suche dir einen Text zu einem Tier aus.
Schreibe dazu einen Steckbrief wie bei Aufgabe 2.

Name: ______________________ Datum: ______________

Eine Pflanze beschreiben

LE S. 111

1. Setze die richtigen Begriffe in den Steckbrief ein.

Pusteblume, Kuhblume
leuchtend gelb
5 bis 50 cm
Wiese, Rasen

Löwenzahn

Blütezeit: März bis November

Standort: ______________________

Blütenfarbe: ______________________

Blattform: wie ein Löwengebiss

Größe: ______________________

Andere Namen: ______________________

WB S. 37

Wenn du etwas beschreibst, muss der Hörer oder Leser sich dies genau vorstellen können.
Bei einer Beschreibung musst du auf folgende Punkte achten:

- Nenne Größe, Farbe, Form, Besonderheiten.
- Überlege eine Reihenfolge in der Beschreibung.
- Benutze treffende Wiewörter und Namenwörter.

2. Beschreibe deinem Partner mündlich mit Hilfe des Steckbriefes den Löwenzahn.
Verwende Sätze wie: Der Löwenzahn blüht von ... .

3. Beschreibe mit Hilfe des Steckbriefes den Löwenzahn.

Name: ____________________ Datum: ____________

Genaues Lesen und Beschreiben

LE S. 112

1. Lies den Text „Ein ganzer Baum“.

2. Ergänze den Lückentext.

Der Baum ______________.

Er flüstert und ________________.

Sein ______________ ist rau.

Aber die ____________ sind glatt und __________.

3. Hier haben sich vier falsche Wörter eingeschlichen. Streiche sie durch.

Wenn es kalt ist, lege ich mich in seinen Schatten.
Einmal habe ich unter ihm einen toten Elefanten begraben.
Und wenn ich in seine Krone schwebe, nimmt er mich in seine Beine.

4. Schreibe den richtigen Text auf.

5. Beschreibe deinen Lieblingsbaum. Schreibe Stichpunkte auf.

Baumart:

Größe:

Alter:

Blätter:

Du kannst deinen Baum auch malen.

6. Ergänze, was dir an deinem Baum besonders gefällt.

7. Schreibe nun einen Text über deinen Lieblingsbaum.

Name: ______________________________ Datum: ______________

Texte entflechten

1. Hier sind zwei Texte durcheinandergeraten.
Markiere alle Sätze zum Apfelbaum.

LE
S. 116

Der Apfelbaum
Die Tanne

Im Mai blühen die rosaweißen Apfelblüten.
Die Tannen sind das ganze Jahr über grün.
Bienen besuchen die Blüten.
Die nadelförmigen Blätter sind flach und biegsam.
Aus den befruchteten Blüten entwickeln sich Äpfel.
In Zapfen reifen die Samen des Baumes, die dann herunterfallen.
Im Herbst können sie geerntet werden.
Einige Waldtiere ernähren sich von diesen Samen.
Aus Tannen werden Papier, Möbel und Brennholz hergestellt.
Aus Äpfeln kann man Apfelmus oder Saft machen.
Manche Bäume werden als Weihnachtsbäume verkauft.

2. Schreibe den Text über den Apfelbaum auf.

Name: ______________________ Datum: ______________

Eine Bildergeschichte schreiben

1. Schreibe zu den Bildern Stichwörter auf.

LE
S. 121

____

____

____

____

____

____

____

____

____

2. Schreibe die Geschichte nun auf.

Name: ______________________ Datum: ______________

Traumfänger und Erfinderglück

Einen Comic schreiben

1. Schau dir die Bilder genau an.

LE
S. 125

Nur ein Traum

2. Fülle die Sprechblasen aus.

3. Wovon hast du schon einmal geträumt?
Zeichne einen Comic oder schreibe eine Geschichte auf.

Name: ______________________ Datum: ____________

LE
S. 129

Zu einem Fantasietier malen und schreiben

1. Was siehst du? Schreibe es neben die Bilder.

eine fliegende Kuh

2. Von welchem Tier hast du schon einmal geträumt?
Male und schreibe.

Name: ______________________ Datum: ______________

Wichtige Begriffe für Textforscher

1. Verbinde die Begriffe mit der richtigen Erklärung.

Figur	So wird das Wichtigste genannt, was in einer Geschichte geschieht.
Handlung	Das Wort bezeichnet alle, die in einer Geschichte handeln.

Märchen sind besondere Geschichten. Sie beginnen meist mit: „Es war einmal …“ und enden mit: „… und wenn sie nicht gestorben sind, so leben sie noch heute.“ Oft spielen Zahlen und Zaubersprüche eine wichtige Rolle und das Gute siegt über das Böse.

2. Welche Märchen-Merkmale kommen in den Textausschnitten vor? Markiere in den entsprechenden Farben.

Einstiegssatz | Schlusssatz | Zahl | Zauberspruch | das Gute siegt

Und so wurde der böse Drachen vom kleinen Prinzen besiegt.

Da hatte das Mädchen drei Wünsche frei.

Es war einmal eine böse Königin.

Und wenn sie nicht gestorben sind, so leben sie noch heute.

Spieglein, Spieglein an der Wand, wer ist die Schönste im ganzen Land?

3. Lies den Text „Der Wolf und die sieben jungen Geißlein“. Woran erkennst du, dass der Text ein Märchen ist? Schreibe auf.

LE S. 131

Name: ______________________ Datum: ______________

Märchen-Steckbriefe

1. Kennst du die beschriebenen Märchenfiguren?
Ergänze die Namen in den Steckbriefen.

Name: ______________________

Alter: – *junges Mädchen*

Aussehen: – *Haare schwarz wie Ebenholz,*
– *Lippen rot wie Blut,*
– *Haut weiß wie Schnee*

Wohnort: – *hinter den 7 Bergen bei den 7 Zwergen*

Besonderheit: – *die Schönste im ganzen Land*

Name: ______________________

Alter: – *junges Mädchen*

Aussehen: – *hübsch*

Wohnort: – *eine Zeit lang bei Frau Holle*

Besonderheit: – *fleißig, wird für ihre Arbeit mit Gold belohnt*

LE
S. 134

2. Lies das Märchen „Frau Holle“.
Fülle den Steckbrief für Goldmaries Schwester aus.

Name: ______________________

Alter: ______________________

Aussehen: ______________________

Wohnort: ______________________

____

Besonderheit: ______________________

____

Vergleiche mit dem Steckbrief von Goldmarie.

3. Schreibe einen Steckbrief zu Rotkäppchen.

Name: ____________ Datum: ____________

Ein Theaterstück planen

1. Lies den Text „Frau Holle“. LE S. 134

2. Schreibe heraus, welche Figuren in dem Märchen vorkommen.

3. Notiere, welche Gegenstände ihr benötigt.

4. Teilt die Abschnitte des Märchens unter euch auf.
Schreibt den Text so auf, wie ihr ihn beim Vorspielen sprechen wollt.

Erzähler:	*Es war einmal eine Witwe …*
Stiefmutter:	*Setz dich ans Spinnrad und spinn Wolle.*
Goldmarie:	*Oje, nun ist mir die Spule …*

Wenn ihr ein Theaterstück plant, überlegt euch:

- welche Figuren mitspielen,
- wer die Rollen übernehmen soll,
- welche Gegenstände und Kostüme benötigt werden,
- wer für welche Aufgabe verantwortlich ist.

WB S. 38

5. Sprecht darüber, wann und wem ihr euer Theaterstück vorführen wollt.

Name: ______________________ Datum: ______________

Genaues Lesen

LE S. 137

1. Lies den Text „Der Prinz im Pyjama“.

2. Kreise jeweils den richtigen Buchstaben ein.
Du erhältst ein Lösungswort.

	ja	nein
Der Prinz wollte seinen Pyjama nicht ausziehen.	K	T
„Ich mag keine Rüstungen“, sagte der Prinz.	U	Ü
„Man holt sich nur einen furchtbaren Schnupfen.“	C	S
Nach zwei Stunden platzte dem König der Kragen.	I	C
Der Prinz wollte schon immer gegen Räuber kämpfen.	E	H
Er packte drei gemütliche Pyjamas ein.	E	A
Unterwegs erfand er den Wegweiser.	L	R
Im Wald wollte er das Taschenmesser erfinden.	R	W
Da verstellten ihm finstere Räuber den Weg.	E	Ä
„Toller Anzug! Wo kriegt man so was?“, rief ein Räuber.	I	N
Der Prinz ritt mit den Räubern weiter.	N	C
Die Räuber im Pyjama riefen ihm noch lange nach.	T	H

Lösungswort:

Pyjamas sind ☐☐☐☐☐☐☐☐☐☐☐☐ .

3. Welche Dinge erfand der Prinz? Schreibe sie aus dem Text heraus.

Name: ______________________ Datum: ______________

Wortspielereien

1. Lies die langen Wörter. Trenne die Wörter durch Striche.

Praktische Erfindungen

Kinderzimmer|aufräumer

Witzfiguren|buntstiftmaler

Reißverschluss|hochzieher

Traumwolken|reiseführer

Turboschnellgang|rasenmäher

Sommergeschichten|erfinderfrau

Kinderspielplatz|hundehaufen|sucher

2. Erkläre die Erfindungen.

3. Tausche Wörter in einigen Erfindungen aus.

Klassenzimmeraufräumer

____

____

4. Überlege dir eigene Erfindungen.

____

____

____

LE S. 142

5. Vergleicht eure Erfindungen.

Name: ______________________ Datum: ______________

Eine Geschichte nacherzählen 1

1. Lies den Text.

Die größte Erfindung aller Zeiten

Parzifal Pechfinger war der größte Erfinder aller Zeiten.
Er hatte eine Wolkenzählmaschine erfunden und einen Reißverschluss für Ritterrüstungen.
Seine nächste Erfindung aber sollte seine größte werden:
Er würde Gold machen. Jawohl, echtes Gold!
Löwenzahnblüten – das war sein Geheimnis!

2. Markiere die Schlüsselwörter im Text, die bereits auf den Erzählkarten stehen.

1
Parzifal Pechfinger
der größte Erfinder

2
Wolkenzählmaschine
Reißverschluss
für Ritterrüstungen

3
nächste Erfindung:
Gold machen
Löwenzahnblüten
Geheimnis

3. Markiere die Schlüsselwörter im nächsten Absatz.

An einem kalten Apriltag schleppte Parzifal einen Riesensack Blüten, reichlich Butter und einige streng geheime Zutaten in sein Labor.

Nach zwei Stunden harter Arbeit stand er vor einem zähen, goldgelben Brei. Dann legte er sich ein Stündchen ins Bett.

4. Ergänze die 4. und 5. Erzählkarte mit Schlüsselwörtern.

4 ______________________
____
____
____

5 ______________________
____
____
____

Name: ______________________ Datum: ______________

Eine Geschichte nacherzählen 2

1. Markiere die Schlüsselwörter im Text.

Als er erneut die Stufen zum Labor hinunter stieg, kam ihm ein merkwürdiger Geruch entgegen. Vorsichtig lugte Parzifal durch die Labortür. Der goldene Brei stand unverändert auf dem Tisch.

Zögernd pikste Parzifal mit dem Finger in seine Erfindung. „Blobblob!", machte der Brei und schwabbelte vom Tisch herunter.

Zwei Augen zwinkerten Parzifal zu und ein breiter Mund lächelte ihm aus der goldenen Masse entgegen. „Der Mai ist geko – ommen", sang der Brei und schwabbelte duftend die Treppe hinauf.

Cornelia Funke (S. 48/49)

2. Lege 3 weitere Erzählkarten an. Nummeriere sie mit 6, 7 und 8.

3. Schreibe auch die ersten 5 Karteikarten von Seite 48 ab.

4. Erzähle nun mit Hilfe der Karten die Geschichte nach.

Wenn du eine Geschichte nacherzählst, kannst du so vorgehen:

- Lies die Geschichte.
- Unterstreiche die Schlüsselwörter im Text.
- Überlege, wie viele Erzählkarten du benötigst.
- Lege sie an und nummeriere sie.
- Übertrage die Schlüsselwörter auf die Karten.
- Kannst du mit Hilfe der Erzählkarten die Geschichte nacherzählen? Wenn nicht, ergänze weitere Schlüsselwörter.

WB S. 39

LE S. 148 S. 149

5. Erzähle den Text „Joschi Tintenkatz" nun so nach.

Name: ______________________ Datum: ______________

Leseratten und PC-Mäuse

Wichtige Begriffe für Textforscher

LE S. 157

1. Lies den Text „Die Hülle der Bücher“.
Schreibe die Begriffe in das passende Feld.

Titel | Verlag | Autor | Illustrationen

Der Mensch, der Bücher schreibt, heißt ______________.	Jedes Buch hat einen Namen vorne auf dem Buchdeckel. Das ist der ______________.
In einem ______________ werden Bücher hergestellt.	Auf der Buchhülle und im Innenteil gibt es schöne Bilder. Diese nennt man ______________.

2. Sieh dir das Cover genau an.
Schreibe die Angaben zu diesem Buch auf.

Titel: ______________________

____

Autor: ______________________

Verlag: ______________________

3. Suche dir drei Bücher aus der Klassenbibliothek aus.
Schreibe dazu die Informationen zu Titel, Autor und Verlag wie bei Aufgabe 2 auf.

4. Bekommst du heraus, wer die Illustrationen gemalt hat?

Name: ______________________ Datum: ______________

Sich in einer Bücherei zurechtfinden

1. Lukas sucht ein Lexikon über Tiere.
In welche Abteilung muss er gehen? Markiere.

Geschichten | Sachbücher | Bilderbücher

> In der Bücherei sind alle Medien (Bücher, CDs, DVDs, Zeitschriften, Spiele) geordnet. Es gibt verschiedene Abteilungen für Bücher, z. B. Geschichten, Sachbücher, Bilderbücher.
> In jeder Abteilung gibt es viele Regale. Damit man ein Buch schnell findet, stehen auf den Regalen Namen, z. B. Natur, Tiere, Dinosaurier.

WB S. 40

2. Lies den Text „In der Bücherei“.
Beantworte nun die Fragen.

LE S. 158

Wo kannst du nachschauen, wenn du ein Buch nicht findest? ______________________

Wer arbeitet in einer Bücherei? ______________________

Was brauchst du, wenn du ein Buch ausleihen willst? ______________________

3. Zu welchen Themen wünschst du dir Bücher für eure Leseecke?
Schreibe auf.

____

____

____

____

Name: ______________________ Datum: ______________

Ein Lesetagebuch gestalten

Mit einem Lesetagebuch kannst du dich daran erinnern, was du schon alles gelesen hast. Du sammelst darin Eindrücke und Ideen, die du beim Lesen bekommst.

Du kannst

1 einen Text loben,
2 einen Text tadeln,
3 einen Text abschreiben und mit Schrift gestalten
4 und zu einem Text Bilder malen.

1. Anna, Enes, Tom und andere Kinder haben angefangen, ein Lesetagebuch zu schreiben. Was haben die Kinder gemacht? Schreibe die passenden Nummern von oben in die Felder.

Die Autorin hat schöne Worte gefunden. [1]

Ich empfehle das Buch nicht weiter, weil … [ ]

Mir hat es gefallen, wie die Kinder sich vertragen haben. [ ]

Der Bücherfresser

[ ]

Es hat mir sehr viel Spaß gemacht, das Buch zu lesen. [ ]

Ich fand die Geschichte langweilig und viel zu lang. [ ]

Meine Bücher

Ich liebe meine Bücher,
jedes Buch ist ein .
Die Leute darin
kommen heraus.

Josef Guggenmos [ ]

LE
S. 163

2. Gestalte dein eigenes Lesetagebuch.

Name: ______________________ Datum: ______________

Ein Buch vorstellen

LE
S.164

Emil stellt sein Lieblingsbuch „King-Kong, das Schulschwein“ vor.

1. Suche auf dem Cover die wichtigen Angaben.
Schreibe sie daneben.

Titel: ______________________

____

Autor/-in: ______________________

Verlag: ______________________

2. Emil überlegt, welche Textstelle er vorlesen soll.
Welcher Text macht dich neugierig? Kreuze an:

☐ In seinem Zimmer zieht Jan-Arne die Tür hinter sich zu. Mama hat recht. So richtig gut riecht es bei King-Kong wirklich nicht mehr.

☐ Im Ranzen wird das Rascheln lauter. Jan-Arne holt einmal tief Luft. „Pass mal auf, Michi, ich muss dir was sagen“, sagt er …

3. Begründe deine Wahl.

4. Bereite eine Buchvorstellung zu deinem Lieblingsbuch vor.

Diese Fragen helfen dir bei einer Buchvorstellung:

- Wie heißt dein Buch (Titel)?
- Wer hat es geschrieben (Autor/Autorin)?
- Was passiert in der Geschichte?
- Welches Bild aus dem Buch möchtest du zeigen?
- Welche Stelle möchtest du aus deinem Buch vorlesen?

WB
S.41

Name: ______________________ Datum: ______________

Genaues Lesen

LE S. 165

1. Lies die Geschichte „Der Bücherfresser".

2. In diesem Text sind einige Fehler versteckt.
Streiche die falschen Wörter durch.
Schreibe die richtigen Wörter daneben.

Stens Großvater vererbte der Familie seine Bücher, die Decke, auf der sein Hund immer gelegen hatte und eine Holzkiste.
Die Decke wollten Stens Eltern nicht, wegen der ~~Katzenhaare~~. Hundehaare
„Und all die Bücher", stöhnte Mama.
„Was sollen wir mit denen?"
„Verkaufen!", schlug Papa vor.
Da guckte Sten ihn ganz streng an.
Papa wurde gelb wie ein Radieschen und schleppte Mamas Bücher auf den Dachboden.
Sten aber schlich auf den Dachboden, packte alle Bananen aus und stapelte sie zu Wänden.
Als Dach nahm er die alte Decke und als Beleuchtung Papas Taschenlampe.

nach Cornelia Funke

3. Bist du auch ein Bücherfresser?
Welche Bücher magst du am liebsten? Schreibe auf.

Name: ______________________ Datum: ______________

Sprachspielereien

1. Übe, den Text schnell zu lesen.

Als neulich das Telebimmel fonte,
bin ich die Wetze hinuntergetreppt,
über den Rannhof gehühnert und
voll mit dem Kopf gegen die Bums getürt.

Anonym

LE
S. 168

2. Lies den Text, als ob du außer Atem wärst.

● **3.** Schreibe den Text richtig auf.

Als neulich das Telefon bimmelte,

4. Lies den Text und verändere ihn wie oben.

● Als neulich das Telefon schellte,
bin ich durch mein Zimmer gestolpert,
über meine Tasche gepurzelt und
dann mit meiner Schwester zusammengeprallt.

Als neulich das Teleschell fonte,

5. Schreibe deinen eigenen Telebimmeltext.

Name: ______________________ Datum: ______________

Fragen zu einem Text beantworten

LE S. 169

1. Lies die Geschichte „Nele telefoniert“.

2. Kreise jeweils den richtigen Buchstaben ein.

Wo steht die Nummer von Bernhards?

M 5	Sie steht im alten Telefonbüchlein.
R 5	Sie steht im kleinen Telefonbüchlein.
K 5	Sie steht im dicken Telefonbuch.

Wie lange brauchen Neles Eltern, um wieder zu Hause zu sein?

Ö 6	Sie brauchen nur elf Minuten.
E 6	Sie brauchen nur einen Monat.
A 6	Sie brauchen nur eine Minute.

Warum hört Nele ihren Eltern nicht richtig zu?

T 7	Sie liest gerade und ist furchtbar gespannt.
U 7	Sie liest gerade ein fürchterliches Buch.
S 7	Sie liest gerade und ist furchtbar ängstlich.

Wo hat der Räuber das Messer?

T 8	Er trägt es in der Hand.
I 8	Er trägt es in der Hosentasche.
E 8	Er hat es im Mantel.

Bei wem ruft Nele am Ende an?

G 9	Sie ruft bei Bernhards an.
N 9	Sie ruft bei Onkel Bernie an.
E 9	Sie ruft bei Onkel Bernd an.

3. Trage die Lösungsbuchstaben in die Kästchen ein.
Wie heißt das Lösungswort?

Nele ist eine ______________________________.

7	8	9
6	L 1	E 2
5	E 4	S 3

Name: ______________________ Datum: ______________

Genau lesen und richtig schreiben

1. Lies die Fernsehsendungen mit Tippfehlern.
2. Vergleiche mit dem Fernsehprogramm.
3. Schreibe die Sendungen richtig auf. Trage die Uhrzeit ein.

LE
S. 173

mit Tippfehlern	ohne Tippfehler	Uhrzeit
Unser Sandkännchen	Unser Sandmännchen	18.50
1, 2 oder Brei		
Tigertinten Club		
Willi will's küssen		
Schau, warte!		
Ein Steinschloss		

4. Schreibe Sendungen mit lustigen Tippfehlern auf.
Lass deinen Partner raten.

mit Tippfehlern	ohne Tippfehler

5. Welche Sendungen darfst du regelmäßig anschauen?
Schreibe die Sendungen mit Uhrzeit auf.

Name: ______________________ Datum: ______________

Textsorten erkennen

1. Woran kannst du folgende Textausschnitte erkennen? Verbinde.

Der Ausschnitt ist aus dem Telefonbuch.	Der Text ist mit der Hand geschrieben. Die Anrede lautet „Liebe …“.
Der Ausschnitt gehört zu einem Brief.	Namen sind nach dem Abc geordnet. Adressen und Telefonnummern stehen neben den Namen.
Der Ausschnitt ist aus einer Fernsehzeitschrift.	Die Überschrift ist dick gedruckt. Es wird über etwas berichtet.
Der Ausschnitt gehört zu einer Zeitung.	Die Namen von Sendungen sind untereinander abgedruckt. Uhrzeiten stehen neben den Sendungen.

2. Schreibe nun auf, woraus diese Ausschnitte sind.

LE
S. 173

Marcellino (ab 6)
26tlg.Trickserie. Die Fliege
8.55 Musik Boxx Hits für Kids
9.00 Die Schlümpfe (ab 4) 3-D-Tri
9.25 Mamfies Abenteuer (ab 3)
Trickserie. Die geheimnisvolle

Peter Dannerweg 4 8532
Gisela Lohengrinstr. 30 92784
Hops Manuel Tulpenweg 8 47632
Hoppe Else Waldemarstr. 5. 86532
Horlemann Tobias Hüttenstr. 17 . . .75639
Horn Michael Obentrautstr. 62 4209
Bettina Augustusplatz 8

______________________ ______________________

Großer Fund
Seit seiner Entdeckung vor 80 Jahre war der Tausendfüßler „Illacme ple nipes“ verschollen. Mit seinen ru … als das Tier

Liebe Marie,
ich finde es toll, dass du an mich g
Morgen werden wir einen Ausflug
unternehmen. Ich bin gespannt, o
treffen werde.
Liebe Grüße, deine Hann

______________________ ______________________

3. Schneide Textschnipsel aus. Lass deinen Partner raten.

Name: ______________________ Datum: ______________

Herbsttöne und Frühlingsfarben

Ein Elfchen schreiben

LE S. 184

1. Lies das Gedicht genau und zähle die Wörter.

Laub ______________

Kastanien sammeln ______________

den Wind genießen ______________

Äpfel vom Baum holen ______________

Herbst ______________

Lea (8 Jahre)

2. Schreibe auf, wie viele Wörter in jeder Zeile stehen.

Ein Elfchen ist ein Gedicht, das sich nicht reimt.
Es besteht immer aus elf Wörtern, die sich so verteilen:

- 1. Zeile: ein Wort
- 2. Zeile: zwei Wörter
- 3. Zeile: drei Wörter
- 4. Zeile: vier Wörter
- 5. Zeile: ein Wort

3. Schreibe dein eigenes Elfchen zum Herbst.

____

______________ ______________

______________ ______________ ______________

______________ ______________ ______________ ______________

____

Name: ______________________ Datum: ______________

Genaues Lesen

1. Lies und male, was noch fehlt.

LE
S. 188

Nina und Timo stehen auf der Wiese und lassen ihre Drachen steigen.
Timo trägt eine Pudelmütze.
Nina hat einen grünen Schal um den Hals.
Ninas Drachen ist rot. Timos Drachen hat blaue Streifen.
Auf dem roten Drachen ist ein lachendes Gesicht aufgemalt.
An dem anderen Drachen flattert ein Schwanz mit drei Schleifen.
Am Baum hängen vier rote Äpfel.
Unter dem Baum sitzt ein Igel mit einem Apfel auf dem Rücken.

Name: ______________________ Datum: ______________

Wichtige Begriffe für Textforscher

Diese Begriffe helfen dir, den Aufbau eines Gedichtes zu erkennen.

1. Verbinde richtig.

LE
S. 190

Ein Gedicht ist …	… mehrere Zeilen, die geordnet untereinander stehen.
Reime sind …	… ein Text mit mehreren Abschnitten, die man Strophen nennt.
Eine Strophe hat …	… zwei Wörter, die sehr gleich klingen. Oft stehen sie am Ende der Zeilen.

2. Schreibe die Begriffe an die richtige Stelle.

Wenn die Blätter fallen

Heute regnet's Blätter
und das macht uns Spaß,
denn vom Blätterregen
werden wir nicht nass.

____

____

Die Blätterpfützen rascheln
leis' bei jedem Schritt,
wir wollen darin waten –
wer von euch kommt mit?

____

Rudolfine Fellinger

3. Vergleicht eure Ergebnisse und sprecht darüber.

Name: ______________________ Datum: ______________

Reimwörter finden

1. Ergänze passende Reimwörter.

Vorweihnachtstrubel

Grüner Kranz mit roten Kerzen,
Lichterglanz in allen Herzen ____________,
Weihnachtslieder, Plätzchenduft,
Zimt und Sterne in der ____________.

Garten trägt sein Winterkleid,
wer hat noch für Kinder ____________?

Leute packen, basteln, laufen,
grübeln, suchen, rennen, ____________,
kochen, backen, braten, waschen,
rätseln, wispern, flüstern, ____________,

schreiben Briefe, Wünsche, Karten,
was sie auch von dir ____________.

Doch wozu denn hetzen, eilen,
schöner ist es zu verweilen
und vor allem dran zu denken,
sich ein Päckchen „Zeit“ zu ____________.

Und bitte lasst noch etwas Raum
für das Christkind unterm ____________!

nach Ursel Scheffler

LE
S. 193

2. Vergleiche mit der Vorlage.

Name: ______________________ Datum: ______________

Ein Gedicht abschreiben

LE S. 194

1. Lies den Text. Was fällt dir auf?

Gemeinsam ins neue Jahr

Tage, Wochen, Monate, ein Jahr, sind vorüber, das ist wunderbar. Das neue Jahr startet nun los, das ist so herrlich und grandios. Ich geh nicht einsam – du gehst mit, das ist super, das ist der Hit.

Andreas Körnich

2. Markiere die Reimwörter.
Schreibe das Gedicht nun in Gedichtform auf.

Tage, Wochen, Monate, ein Jahr,

sind vorüber,

Wenn du ein Gedicht abschreibst, musst du darauf achten, dass die Zeilen genau untereinander beginnen. Alle Wörter müssen auf die Zeile passen. Wenn du dir Linien ziehst, kannst du dir das Blatt besser einteilen.

WB S. 42

3. Nimm ein weißes DIN A4-Blatt und falte es.
Ziehe auf der rechten Innenseite Linien vor.
Schreibe das Gedicht „Gemeinsam ins neue Jahr“ darauf.

Name: ____________________ Datum: ____________

LE
S. 194

Eine Neujahrskarte gestalten

1. Lies die Anleitung und nummeriere die Bilder richtig.

Für die Herstellung von Zauberkreide musst du:

- einen Liter Wasser mit drei Esslöffeln Zucker mischen,
- bunte Kreide über Nacht in Zuckerwasser legen,
- mit der noch feuchten Kreide auf dunkles Tonpapier malen.

2. Stelle die Zauberkreide her.

3. Beschreibe, wie du die Zauberkreide herstellst.

Ich mische

4. Nimm dunkles DIN A4-Tonpapier und falte es. Male auf die Vorderseite mit Zauberkreide ein Neujahrsfeuerwerk. Lege nun dein abgeschriebenes Gedicht von Seite 63 ein.

Name: ______________________ Datum: ______________

Ein Gedicht auswendig lernen

LE
S. 201

1. Umkreise im Gedicht die Dinge, die man malen kann.

Der Frühling ist da

Was gackern die Hühner?
Die Welt wird immer grüner!

Was kräht der Hahn?
Ich sag es euch an:

Die Welt, kikriki,
wird so schön, wie noch nie!

Trarom! So ist's recht!
Tri-tra-trommelt der Specht.

Er trommelt im Wald,
dass der Wald widerhallt:

Trarom! Trara!
Trararatata!

Den Frühling, den lieb' ich,
der Frühling ist da!

Josef Guggenmos

2. Markiere die Reimwörter.

3. Lerne das Gedicht auswendig und trage es vor.

WB
S. 43

Wenn du ein Gedicht auswendig lernen willst, gehe so vor:

- Suche dir einen ruhigen Platz.
- Lies das Gedicht laut und deutlich.
- Markiere die Reimwörter.
- Lies das Gedicht mehrmals Zeile für Zeile und sprich sie auswendig nach.
- Du kannst das Gedicht auch abschreiben oder wichtige Dinge aufmalen.

Name: ______________________ Datum: ______________

Genaues Lesen

1. Lies die Geschichte und streiche die unpassenden Wörter durch.

LE
S. 202

Eiernotstand

Bald ist Ostern ~~Pfingsten~~ und in der Ostereiermalwerkstatt bemalt der Osterhase Eier. Manche Eier ist werden gestreift, andere haben Punkte und Kleckse. An der Osterhasentür klingelt leuchtet es. Endlich kommt fliegt der Lastwagen mit dem Eiernachschub. Da haben die Hühner aber wieder fleißig Eier Möhren gelegt. Beim Abladen passiert dann das die Unglück. Die Eierkartons fallen um und die Eier sind kaputt teuer.

„Wie soll ich nun für die Kinder genug Eier fahren bemalen?“, denkt der Osterhase traurig glücklich.

2. Schreibe die Geschichte weiter.

Name: ______________________ Datum: ______________

Fragen zu einem Text beantworten

LE S. 204

1. Lies den Text „Fanny fängt den Frühling“.
Beantworte die Fragen.

Welche Hausaufgabe hat Fanny erhalten?

Was malt Fanny auf ihr Bild?

Warum weint Fanny?

Warum kann man den Frühling in einem Bild fangen?

2. In jedem Satz ist ein Wort falsch. Streiche es durch.
Vergleiche mit dem Lesetext. Schreibe die Sätze richtig auf.

Aber erst muss sie noch das Herbstbild malen.
Fanny hockt vor einem Häufchen welker Papiere.
Ich rahme es ein und lege es über mein Bett.

3. Woran erkennst du den Frühling? Schreibe auf.

Name: ______________________ Datum: ____________

Sprachspielereien

1. Lies den Text laut vor.
Kannst du alle Wörter verstehen?

LE
S. 211

Ein spaßiger Urlaub

In den Sommerferien fuhren wir
mit dem OTUA nach NEILATI.
Meine AMO und mein APO fuhren auch mit.
Mein RETAV saß am Steuer unseres Wagens.
Wir fuhren bis NAREM und übernachteten in einem LETOH.
Am nächsten Tag ging die Fahrt weiter, bis wir an die AIRDA kamen.
Wir badeten und bauten Burgen im DNAS.
Das RESSAW war warm und die Sonne schien vom blauen Himmel.
Oft spielte ich auch mit anderen NEGNUJ am Strand.
Wir heckten manchen lustigen HCIERTS aus und hatten immer Spaß.

Bruno Horst Bull

2. Schreibe die grünen Wörter richtig auf.

Auto, ______________________

____

____

3. Was stimmt? Kreise den richtigen Buchstaben ein.

	ja	nein
Die Familie fuhr mit dem Auto nach Irland.	U	F
Oma und Opa kamen auch mit.	E	R
Auf ihrer Fahrt übernachteten sie einmal im Zelt.	L	R
Am nächsten Tag kamen sie in den Bergen an.	A	I
Die Sonne schien und der Himmel war blau.	E	U
Mit anderen Mädchen heckte er Streiche aus.	B	N

Lösungswort: | | | | | | |

Das kannst du schon

Ich kann lesen und malen, was fehlt.

Ich kann erkennen, wo ein Wort aufhört und welche Buchstaben sich in einem Wort verändert haben.

Ich kann Satzteile richtig verbinden.

Ich kann eine Tabelle lesen.

Ich kann Texte vergleichen und falsche Wörter erkennen.

Ich kann Fragen zu einem Text beantworten.

So geht es weiter:

____

____

____

____

falten

Lese-Fitness-Test

Name: ______________________________

- Lies genau und male, was fehlt.

Sommerferien

Familie König will verreisen. Die Kinder packen den roten Koffer. Im Koffer sind schon viele Sachen: Klaras grüne Gummistiefel, der gelbe Schwimmreifen von Till, ein bunter Ball und ein gestreiftes Badetuch. Tills dickes Buch und Klaras Fernglas liegen noch neben dem Koffer. Wer schaut denn da aus dem Koffer? Es ist Aiko, der kleine Hund.

Ich kann lesen und malen, was fehlt.

Datum: ____________________

- Lies den Text und beantworte die Fragen.

Über das Internet kann man blitzschnell Nachrichten um die Welt schicken. Dazu braucht man einen Computer mit Internet-Anschluss. Außerdem muss man eine E-Mail-Adresse haben. Alle Benutzer sind an ein weltweites Telefonnetz angeschlossen. Es heißt World Wide Web (www).

Was braucht man, um E-Mails zu verschicken?

____

und ____________________

Woran müssen alle Benutzer angeschlossen sein?

____

Wie heißt das weltweite Telefonnetz?

____

Ich kann Fragen zu einem Text beantworten.

Datum: ____________________

- Vergleiche die Texte.
  Markiere im unteren Text die geänderten Wörter.

Bald sind Sommerferien. Dann fährt die Familie an die See. Für die lange Zugfahrt nehmen sie einen großen Rucksack mit. Da hinein kommen Kekse, Äpfel und Bananen. Paul nimmt auch sein neues Buch und ein Spiel mit. Dann kann er unterwegs lesen und spielen.
Hoffentlich wird die Fahrt nicht so langweilig.

Bald sind Herbstferien. Dann fährt die Familie ins Gebirge. Für die lange Autofahrt nehmen sie einen großen Sack mit. Da hinein kommen Kekse, Birnen und Bananensaft. Paul nimmt auch sein neues Taschenbuch und einen Malblock mit. Dann kann er unterwegs lesen und malen.
Hoffentlich wird die Reise nicht so langweilig.

Ich kann Texte vergleichen und falsche Wörter erkennen.

Datum: ______________________

falten

- Trenne die Wörter mit einem Strich.

BANANEMELONEBIRNEAPFELSINEKIRSCHE

ERDBEEREANANASBLAUBEEREZITRONE

- Lies genau. Markiere, welche Buchstaben sich verändert haben.

Butterbrot
Bitterbrot

Gemüsesuppe
Gemüsepuppe

Untertasse
Unterkasse

Feldsalat
Geldsalat

Festessen
Restessen

Kindergarten
Rindergarten

Ich kann erkennen, wo ein Wort aufhört und welche Buchstaben sich in einem Wort verändert haben.
Datum: ______________________

- Verbinde die Satzteile.

Leon schreibt mit Kreide	ein Foto von einer Katze aus.
Tim schneidet mit der Schere	Rechenaufgaben an die Tafel.
Tim und Lisa lesen	an der Sprossenwand.
Anton malt einen bunten Hund	auf ein weißes Blatt Papier.
Simon und Jonas turnen	eine Geschichte im Lesebuch.
Klara erforscht mit der Lupe	zehn Sätze in das Schreibheft.
Anna schreibt mit dem Füller	die Samen der Pusteblume.

Ich kann Satzteile richtig verbinden.

Datum: ______________________

- Lies die Tabelle. Setze die fehlenden Wörter in den Lückentext ein.

Die Klasse 2a plant ein gemeinsames Frühstück. Folgende Zutaten bringen die Kinder mit:

Kinder	Aufschnitt	Brot und Butter	Obst
Julia	*Käse*	*Butter*	
Rian	*Wurst, Salami*		
Timo		*Brötchen*	*Tomaten*
Aylina			*Äpfel, Kiwis*

Julia bringt __________ und __________ mit.

Rian besorgt __________ und __________ .

Timo holt __________ und __________ .

Aylinas Eltern besitzen einen Gemüseladen.

Deshalb bringt sie ________ und ________ mit.

Ich kann eine Tabelle lesen.

Datum: ______________________